ENLIGHTENMENT

ENLIGHTENMENT

Q
&
A

心道法師系列05　天天星期卍

發行人:徐玉珠

作者:心道法師

插圖:原　人

企劃編輯:093文化

責任編輯:周掌宇

版面構成:左右設計工作室

出版者:財團法人靈鷲山般若文教基金會附設出版社

地址:台北市南京東路五段92號9樓

讀者服務專線:2760-3881轉627

郵撥帳號:18887793

戶名:財團法人靈鷲山般若文教基金會附設出版社

統一編號:78359502

編輯部:台北市南京東路五段92號5樓

電話:2760-3881

發行日期:2001年11月

印刷版次:初版一刷

定價:220元

版權所有・不准翻印

印刷者:英勇股份有限公司

電話:3234-1961

電腦編號B10005

ISBN 957-99025-3-4

天天星期凡

作者◎心道法師　　整編◎093文化　　繪圖◎原 人

編者序

　　佛教以卍字為主要的象徵符號，卍讀音為ㄨㄢˋ，意為吉祥或幸運的代表。大乘的經典記載，此為佛的胸上之吉祥相，三十二種圓滿的相貌之一。《楞嚴經》曰：「即時如來，從胸卍字，涌出寶光。」據小乘佛法之說，則此相不限於胸上。

　　在生活中，每個人總有許多無法解決的煩惱，將佛法善用在生活中，必能迎刃而解大小難題。心道法師說：「以單純的心情過複雜的生活，我們會很快樂；如果用複雜的心情去過單純的生活，我們就很煩惱。」

　　心道法師以佛法智慧指導在紅塵俗世中打滾的我們，建議念誦佛經來疏通思想上的堵塞、建議打坐來沉澱紛亂的心靈或建議拜佛來懺悔煩惱，將各種疑難雜症抽絲撥繭，化於無形。本書分為家庭、情感、親子、事業、健康、學佛與生活七個方面，心道法師的智慧與幽默，相信可以為您消憂解惑，讓您天天吉祥、卍事如意。

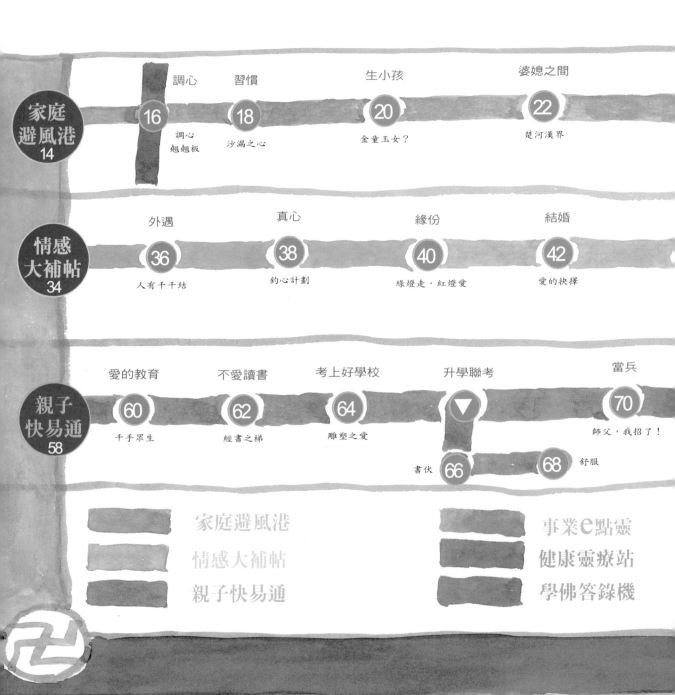

家庭避風港

情感大補帖

親子快易通

事業e點靈

健康靈療站

學佛答錄機

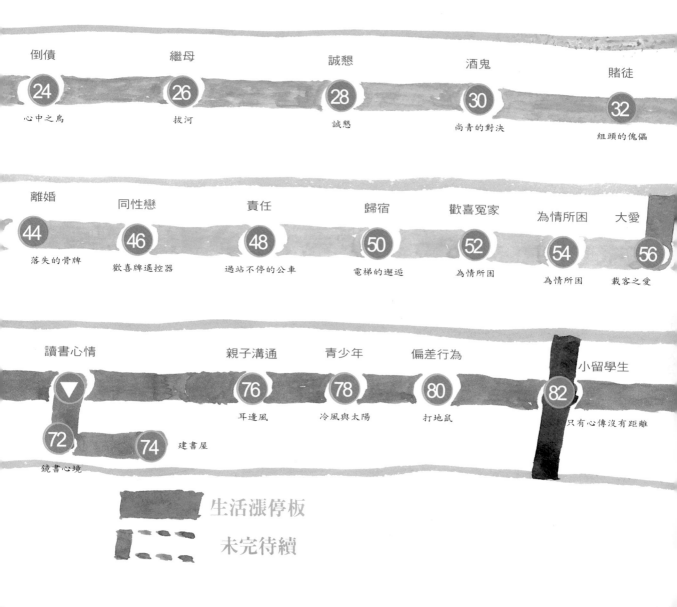

倒債
24
心中之鳥

繼母
26
拔河

誠懇
28
誠懇

酒鬼
30
尚青的對決

賭徒
32
組頭的傀儡

離婚
44
落失的骨牌

同性戀
46
歡喜牌遙控器

責任
48
過站不停的公車

歸宿
50
電梯的邂逅

歡喜冤家
52
為情所困

為情所困
54
為情所困

大愛
56
載客之愛

讀書心情
▼

72
鏡書心境

74
建書屋

親子溝通
76
耳邊風

青少年
78
冷風與太陽

偏差行為
80
打地鼠

小留學生
82
只有心傳沒有距離

生活漲停板

未完待續

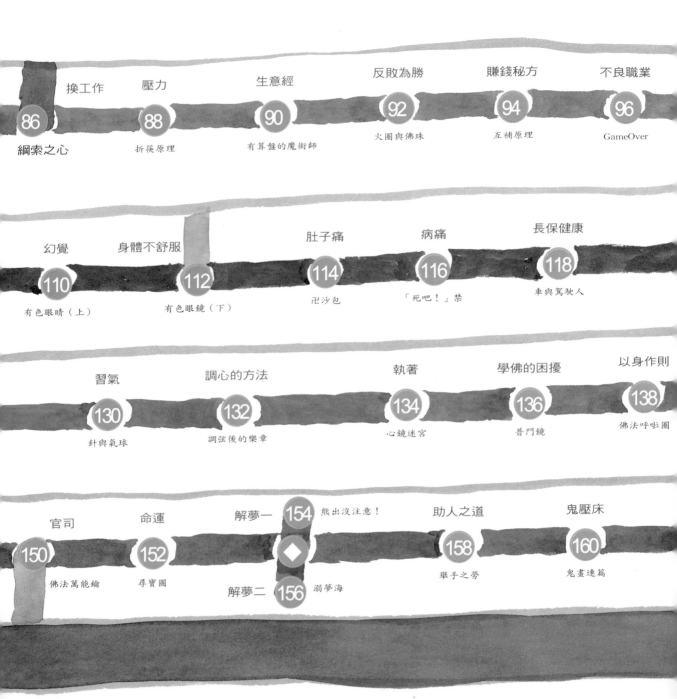

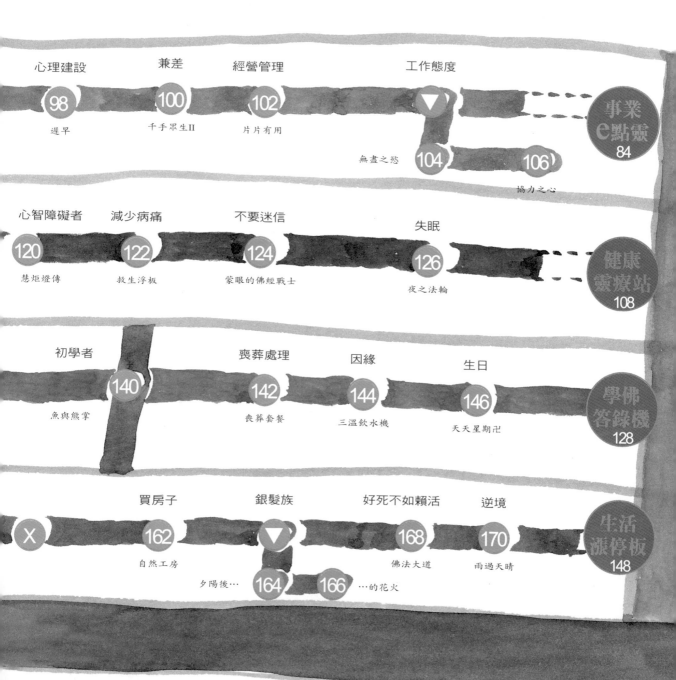

家庭避風港

「愛」是家庭的中心，個人主義太重，
是離婚率提高的因素。
夫妻之間，
若能互相尊重、互相關懷，
隨時回到原點，
家庭生活才能圓滿長久。

【當我們同在一起】

調心

問：「夫妻、親子間相處不融洽，該如何改善呢？」

答：「家庭生活應以『和』為貴，勿把工作、人事間，
或是生理上的不愉快帶回家中。更別因忙於工作，而失去『人』的味道！
做人就該人性化，即使生活也是一樣。
我曾說過：會『調心』的人就會生活。
把心調好了，就懂得如何生活，也就能帶給家庭和諧，
讓家中每個人都過得很快樂。」

【調心翹翹板】

習慣

問：「有個阿婆住在台南鄉下，
對於兒子要求她到台北幫忙照顧孫子，
一直感到很為難，
因為實在住不慣台北。」

答：「習慣可以養成！可以請她先在台北、台南兩邊來回住上一段時間，
等到習慣台北後再住下來。台北有許多佛寺，讓她到處走走看看、
聽聽佛法，和佛寺裡的眾菩薩聊聊天。等心安定了以後，
她會更習慣台北！」

【沙漏之心】

生小孩

問：「我的公婆急著抱孫子，但我卻認為經濟基礎還不是很穩固，不想現在生小孩，
我該如何去說服公婆呢？」

答：「結婚的目的是為了繁衍下一代。所以說：『結婚生子』是理所當然！
古人說：『一枝草一點露』，每個人都有自己的福報，孩子一旦生下來，
不見得會是個負擔。不過，如果現階段妳認為工作、經濟、生活各方面都不宜有小孩，
就照著自己的意思做吧！畢竟每個人都有選擇自己生活的權利。
若妳非常在乎公婆意見，也不妨順著他們的意吧！
當然，若妳真的不想生，他們也沒有辦法呀！」

【金童玉女？】

愛

忍

茜

婆媳之間

問：「常有婆婆抱怨媳婦一天到晚惹她生氣，不僅不尊重她，

甚至嫌她過度溺愛孫子；而做媳婦的也到處訴苦，

說無論她怎麼做，婆婆就是不滿意，

還到處說她不孝、懶惰、太強勢等等，

到底婆媳之間該如何相處呢？」

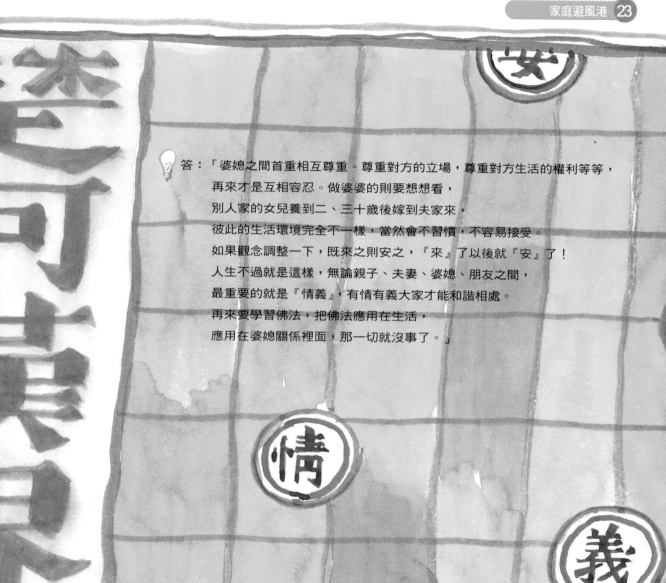

答：「婆媳之間首重相互尊重。尊重對方的立場，尊重對方生活的權利等等，
再來才是互相容忍。做婆婆的則要想想看，
別人家的女兒養到二、三十歲後嫁到夫家來，
彼此的生活環境完全不一樣，當然會不習慣，不容易接受。
如果觀念調整一下，既來之則安之，『來』了以後就『安』了！
人生不過就是這樣，無論親子、夫妻、婆媳、朋友之間，
最重要的就是『情義』，有情有義大家才能和諧相處。
再來要學習佛法，把佛法應用在生活，
應用在婆媳關係裡面，那一切就沒事了。」

【楚河漢界】

倒債

 問：「父母親近日因被親戚倒債，身心非常痛苦，如何讓他們釋懷？」

 答：「帶他們上山找師父開示、聊聊天，把心裡的話說一說，
或是找師兄、師姊談談，也許能把事情淡化。
煩惱都在一念之間，只要時間一過自然會忘記，
事情還沒過去的時候，要尋找善知識來點破我們，
不要悶著頭自己煩自己。」

【心中之鳥】

繼母

問：「有信眾擔心先生往生後，兒子會排擠身為繼母的她，使她無家可歸，
所以要求老公早日把房屋過戶給她。
先生卻認為，這麼做只會加深母子的不合，
到底她該怎麼辦呢？」

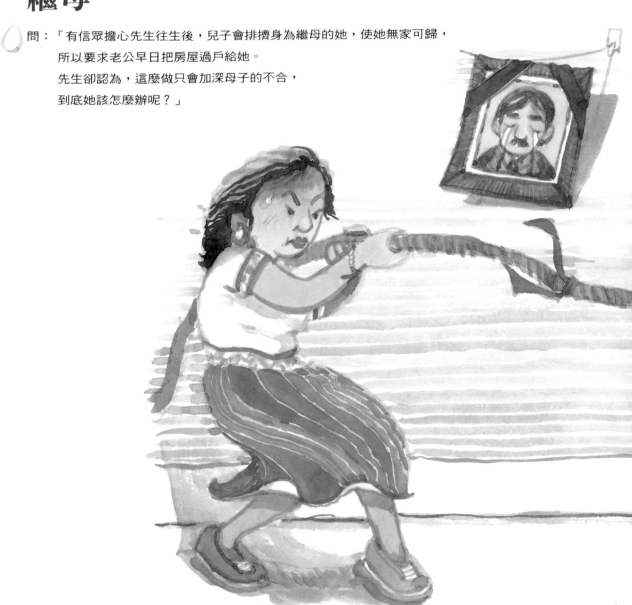

答：「別整天老想著房子要過戶給誰這件事，倒不如用房子貸款來做小生意，
好好的做，做到不需要依靠那幢房子過生活。
想要扮演好繼母的角色，就該把房子留給人家的兒子，
強要那棟房子，不會增加什麼好處，強求反而會結下一些不好的緣！」

【拔河】

誠懇

問：「婆婆經常虐待我，連公公也瞧不起我，
先生則對婆婆言聽計從，甚至還出手打我，
我該怎麼做才能解決這些問題呢？」

答：「少說多做吧！可能妳在言語上得罪了人，自己都不知道。

以後多做點事、少說點話。

人最可愛的地方就是誠懇，誠懇是最好的公關，

不要常常說一些『五四三』的，說多了會惹人嫌，

是非都是由於這個原因引起；

公婆、先生會這樣，一定跟妳自身有關係，

妳徹底檢討後，才能破除這個問題。」

【誠懇】

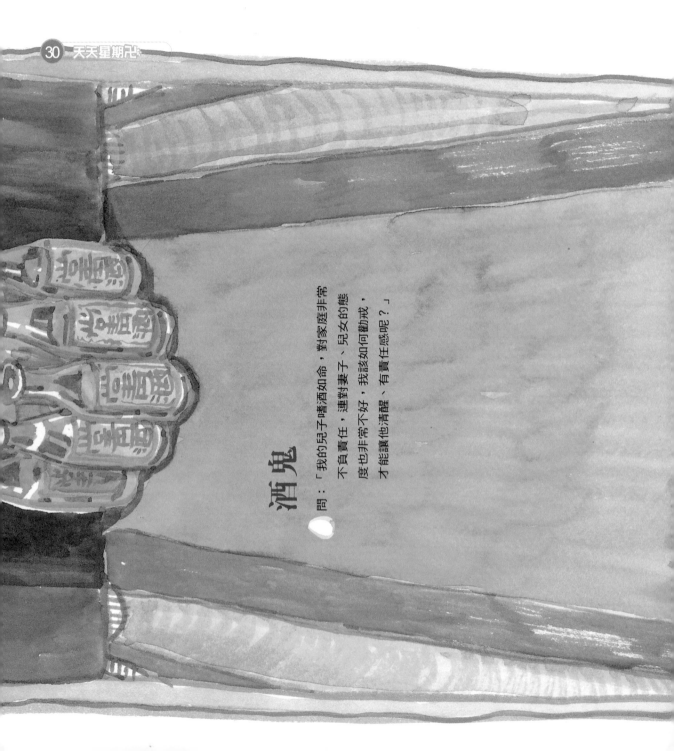

酒鬼

問：「我的兒子嗜酒如命，對家庭非常不負責任，連對妻子、兒女的態度也非常不好，我該如何勸戒，才能讓他清醒、有責任感呢？」

答：「遇到我們無力且無法改變的事情，就盡量用念經、拜佛的方式來轉變他的業。比方為他念佛法中修懺悔的經典——《慈悲三昧水懺》，將念經的功德迴向給他，讓他能改過。其次就是找有緣的人帶他去寺廟，和法師談一談，接受一些善知識的開導，藉由看經、學佛的方式，瞭解自己，並轉變他的想法。」

賭徒

問：「婆婆及先生都對六合彩著迷，要如何勸導他們不再沉迷？」

答：「你們知道六合彩的錢是怎麼來的嗎？
有些是偷來，有些則是搶來的，有些甚至用其它更惡毒的手段騙來的。
用這些不義之財，是要承擔罪業的，
所以不要想佔便宜，便宜不好佔，以後往往要負擔因果！」

【租頭的傀儡】

情感大補帖

木石無情，而人有七情六慾，
就像我們愛看表情豐富的戲子，
七情六慾正是用來表「情」、與人溝通的，
善加用之即是善的，
用錯了就會變成習氣，讓人覺得虛假。

【五味雜陳大火鍋】

外遇

 問：「先生有外遇時，要怎麼辦？用什麼方法來處理？」

答：「外遇，可以說不正常，也可以說很正常！因為遇到美好的事物，任何人都會動心。所以佛教的戒律：『五戒』中有『不邪淫戒』，『不邪淫戒』就是不和配偶以外的人，發生不正常的關係。如果犯了此戒，生生世世的家庭都不會圓滿。

不只男人會出軌，女人一樣也會。當我們有這樣的慾望時，要盡量阻止，不要讓它發生並產生後遺症。一旦發生外遇時，會不敢面對家人，還會胡亂發脾氣。一旦被家人發現有外遇時，就更麻煩了！有的丈夫會願意和妻子談判，答應妻子離開外遇的對象，成為一個好丈夫，這樣的例子也很多。

我們要知道，感情是苦的滋味，沒有控制好就會產生煩惱。人很奇怪，明知愛情的苦楚，卻硬要撞上去。既然孩子都長大，什麼都有了，就不要再去追求情愛。如果把時間用在學佛、念經、做好事上，不是很好嗎？一旦耽迷在情愛就不好解脫；理性多就會快樂，情緒多就會煩惱！一開始戀愛，情緒就很多，學佛法才能解開這個結。男女之間的愛要常態、要正常，不正常的話，煩惱就多。如果正為這種事煩惱，就要念修懺悔的《慈悲三昧水懺》經典來迴向，可早日解冤解怨。此外，緣分有緣起緣滅，也許過些時候就情盡緣滅了，所以要耐得住煩，以智慧解決問題，學佛正是讓妳有足夠的智慧處理這些問題！」

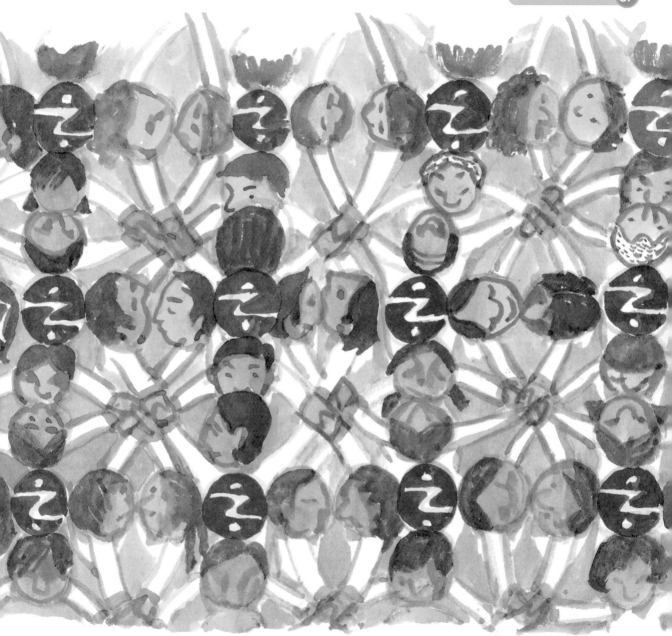

【人有千千結】

眞心

問：「我的先生是老兵，自從他去大陸探親回來以後，
就常嚷著要回大陸和元配團聚，我真不知該如何是好？」

答：「俗語說：『人在人情在』，妳和他相處了三十幾年，
他的情感已經在妳身上安住了，現在，
他也許只想到大陸的老婆需要照料，所以想過去住住。
縱使他真的回去住，我想最後還是會回到妳身邊。
如果希望他打消回大陸的念頭，就需要靠妳的用心了。」

【釣心計劃】

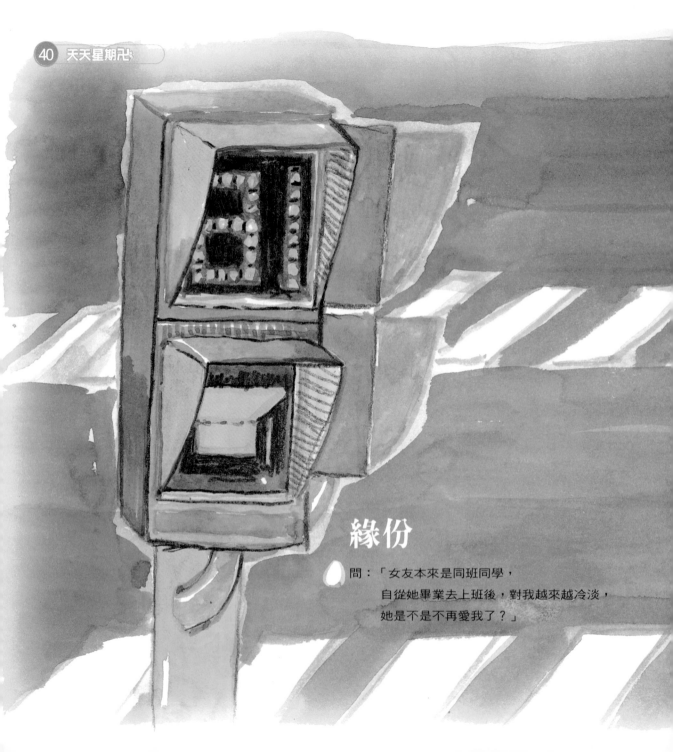

緣份

問：「女友本來是同班同學，
　　自從她畢業去上班後，對我越來越冷淡，
　　她是不是不再愛我了？」

答：「你應該知道：『愛』是『過去生』有緣，今生才能夠相聚！
　　　『過去生』如果無緣，今生想碰也碰不到。
　　　現在你的女友上班去了，也許她很忙，也許她的心智更成熟，
　　　想法改變了。但是，人非草木，只要你誠心地感動對方，
　　　相信一定會有收穫！」

【綠燈走・紅燈愛】

結婚

問：「我今年剛畢業，原本打算和男友在過年前結婚，卻遭到父母反對。因為男友剛退伍，
工作也還不穩定，爸媽說他根本養不活我，可是我認為自己可以工作來養活自己！
我想，只要兩個人真心相愛，一切都會迎刃而解，是不是？」

答：「只要妳未來不會後悔，那就沒有問題；如果將來可能會後悔，那就得考慮清楚。
畢竟在現實人生，愛情不能當麵包，如果妳對自己的眼光有信心，相信男友絕對是人才，
將來一定會有出息，就嫁了吧！如果沒有那個信心，恐怕要三思而行了。」

【愛的抉擇】

離婚

 問：「弟子曾經經歷過兩次不甚圓滿的婚姻，
非常擔心這輩子沒有辦法圓滿、了結這個緣，
是否下輩子還會更辛苦地去償付這個果？」

答：「事實上，當下的緣當下就了了。
婚姻中如果經常發生爭吵、打鬧等這種不圓滿的事，
往往是因為不理性。學習佛法能夠讓我們的感情更理性，
婚姻也就能夠長長久久，沒有傷害。」

【落失的骨牌】

同性戀

 問：「當一個人發現有同性戀傾向，
但是道德意識卻讓他陷入矛盾之中，該如何自處？」

答：「甘願就好！人只要自己甘願，就什麼都好；要是不甘願，
凡事都不好。如果覺得這樣的生活不錯，當然會很甘願地繼續下去；
如果覺得這樣的生活不好時，自己就會慢慢地離開，
也就掙脫這種感情的束縛。現在的人快樂時，說甘願容易；
有麻煩時，就不會甘願了。所以說，世間種種的問題，
都是自己想出來；離開自己的思想，就沒有那麼多難題。」

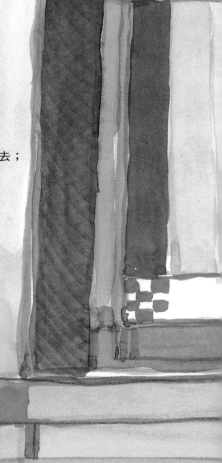

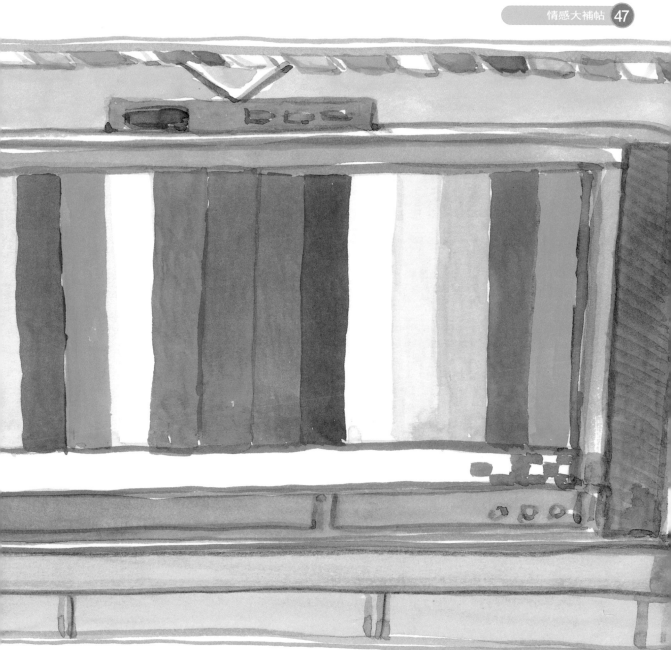

【歡喜牌遙控器】

責任

問：「長久以來，我和先生的感情一直都不好，所以另外結交一位男友。
　　男友勸我離婚後改嫁給他，但是我放不下孩子。
　　請問師父，我該如何取捨？」

答：「孩子需要母愛，也需要父愛，但更需要一個圓滿的家庭。

家庭如果不圓滿，孩子就無法正常地成長。

結婚不是為了享樂，而是因為責任，有了下一代，就要為下一代而活。

現在社會為什麼會這麼亂？就是因為許多家庭缺乏了溫暖。

我們要放棄一己之私，設法改善夫妻關係，讓夫妻和諧、家庭圓滿，

這樣下一代才能更健康有智慧地成長。」

【過站不停的公車】

歸宿

問：「我的姻緣未定，不知何去何從？
經常對自己造成極大的困擾。」

答：「婚姻是隨緣，妳會嫁給誰？愛上誰？
　　不是求來的，它經常不求自來！」

【電梯的邂逅】

歡喜冤家

問：「我從十七歲結婚以後，就一直被先生罵。
有一次，他喉嚨不舒服，
我用自己的薪資買很貴的水梨給他吃，都被他罵！」

答：「夫妻間的關係就是相欠債，這個地方我佔點便宜，
那個地方我吃點小虧！換個方式來說，
你就當作是還債，還債才可以消業障。」

【搶五官的夫妻】

為情所困

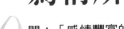 問：「感情豐富的人容易為情所困，要如何打破這種男女間的情執呢？」

 答：「這就是我們每一個人的習氣，對付這種習氣，只有依靠節制。
佛法可以幫助我們節制對感情的慾望，節制以後再慢慢地消化它。」

【情慾體縱機】

大愛

問：「人生有許多責任，如家庭責任、婚姻責任等等。這些責任會不會和師父常說的
　　『菩薩道』相牴觸呢？我們又該如何割捨呢？」

答：「我想這不是割捨不割捨的問題，而是付出更大的關懷吧！要把對小家庭的愛，
　　普及到更寬廣的人群，提升到更高的層次。佛法的志業，就是要提升愛的層次。
　　當我們的愛普及、提升後，能夠對家人的需求看得更清楚透徹，更懂得如何去愛他們。
　　所以，沒有什麼需要割捨，頂多是把不好的習慣、不好的感覺割捨掉罷了！」

親子快易通

不同的記憶體組成不同的生命個體，
即使是親生的孩子，
父母也無法控制他們的思想與個性，
因為靈性不同，
唯有用愛心、耐心，
輔導他們走正確的路，方是良策。

【心靈任易門】

愛的教育

問：「孩子不學好，不聽勸導怎麼辦？」

答：「要用愛的教育。如果有愛心，每一種方法都對；

如果沒有愛心，就算不打不罵，也沒有用。

教小孩要用頭腦，能教、能講的，就慢慢地教化開導他；

真的講不通的時候，最後才選擇打，

要有愛心的打才有效！」

【千手眾生】

不愛讀書

問：「兒子很會念《大悲咒》（註1），也會念《十小咒》（註2），就是不認真讀書，為什麼這樣？」

答：「小孩子成長的階段不同，喜歡的東西也不一樣，他喜歡念經書就盡量讓他念，念經書也是在念書啊！等他讀到某個階段後，自然就會轉移目標了。」

註1： 大悲咒--即大悲心陀羅尼、千手千眼廣大圓
滿無礙大悲心陀羅尼，為唐宋以來佛教界盛
行的長咒，念誦此咒有祈求滿願之功用。

註2： 十小咒--為佛門每日早課的內容，內容集合
十種小咒：如意寶輪王陀羅尼、功德寶山神
咒、準提神咒、聖無量壽決定光明王陀羅
尼、藥師灌頂真言、觀音靈感真言、七佛滅
罪真言、往生咒、善天女咒。

【經書之梯】

考上好學校

問：「我的孩子個性沒定下來，不好好讀書，
真擔心以後會沒有學校可以念。」

答：「教小孩要有愛心跟耐心，孩子本來就沒有什麼定性，
做父母的必須能夠教而不倦，也就是不厭倦地教導他，
這樣才會有成功的一天。另外，可以拜『觀世音菩薩』，
求祂保佑兒子乖乖讀書，考上好學校。」

【雕塑之愛】

升學聯考

問：「眼看孩子揹負著聯考沈重的壓力，
我們做父母的，該如何做才能幫他減輕壓力呢？」

【書伏】

答：「有時壓力太大，找不到方法放鬆時，可以幫他念《普門品》（註1.）或《金剛經》（註2.），
並請他常念『觀世音菩薩』或『文殊菩薩』聖號。
祈求救苦救難的觀世音菩薩解救他的苦、祈求大智慧的文殊菩薩幫助他度過難關。
這麼做主要是讓他內心有安全感，把壓力轉移給佛陀或菩薩，就勞請祂們多擔待些吧！」

註1：觀世音菩薩普門品--為法華經第25品的經文，念誦此經有消災祈願之功用。

註2：金剛般若波羅蜜經--「金剛」具有堅、利、明三義，「般若」即智慧，亦含實相、觀照、文字三義，
「波羅蜜」為到彼岸，念誦此經有開啟智慧之功用。

【舒服】

當兵

問：「我的孩子自從當兵以後，好像變成另外一個人，什麼事都悶在心裡，不願意和家人溝通，
他是不是出了什麼問題呢？」

答：「多念《普門品》、拜觀世音菩薩，用這種功德迴向，讓問題慢慢有轉機，
等他的心結打開就沒事了。有機會帶他來讓師父看看、聊聊，
看能不能對這個問題有所突破。」

【師父，我招了！】

讀書心情

問：「孩子這一、兩個月突然讀不下書，心情好像很不好，
我們看他這個樣子，也感到很痛苦。」

答：「其實這只是一個念頭而已，
只要念頭一轉，就能夠讀下去了。
現在也許讀得膩，所以對讀書產生抗拒。
幫助他排解內心『不想讀書、念不下去』的感覺，
其實許多想法和感覺都只是假象罷了！

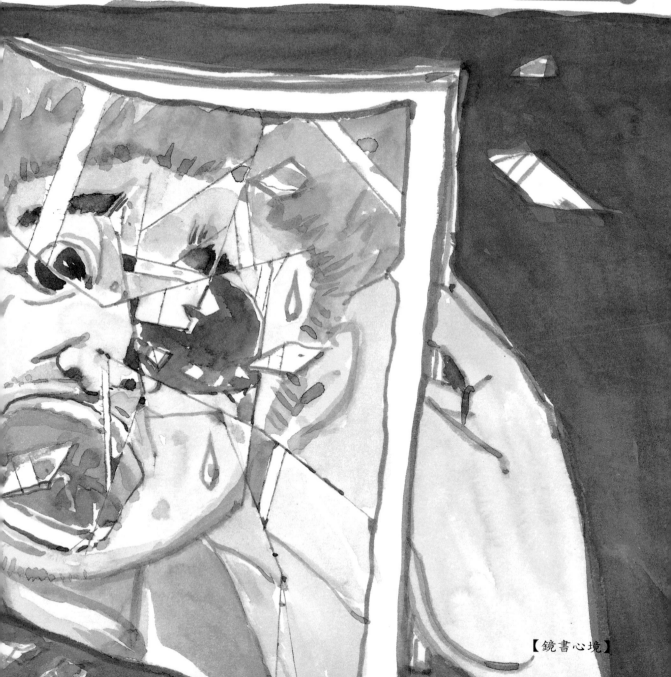

【鏡書心境】

事實是，勸告他把書讀好，
讀書不是為了別人，完全是為了自己；
多讀一點書，以後才能在國家、
社會上立足的觀念。」

【建書屋】

親子溝通

問：「怎樣教育子女，他們才會聽話，知道父母親用心良苦呢？」

答：「首先妳要對自己有信心，有信心才有辦法教育孩子；
有信心才有耐心，能夠耐心地和他們溝通，這樣他們就會把妳的話聽進心裡。」

【耳邊風】

青少年

問：「我的孩子本來很乖，上了國中之後，
變得很喜歡打電話、強辯、頂嘴，還用很壞的口吻說我不瞭解他們。
請問師父，到底該如何跟孩子們溝通？如何瞭解他們？」

答：「孩子會這樣，可能電視看多了，或跟同學耍嘴皮耍慣了。
有空的時候應該帶孩子到郊外走走，這樣可以培養親子間的感情。
還有，對孩子一定要尊重，如果尊重他，好好跟他說，慢慢地他就學會尊重你。
如果都是用打罵教育，他被打慣就不怕被打，而且反抗會更大！
被罵慣就更不聽話，因為已經聽得麻痺了。每個人都有人性，要互相尊重。
我們尊重他，讓他覺得自己是大人，是懂事的人，慢慢地他就會比較聽話了。」

【冷風與太陽】

偏差行為

 問：「孩子在國中、高中的時候學壞，有沒有什麼方法可以把他導入正軌？」

 答：「過去的因果會跟著我們過這一輩子，

所以孩子才會有現在這樣的因果，你不用煩惱他會變成怎麼樣。

該好的時候就會變好，不好的話也是因為有這個因緣。

如果你有魄力改變他，也可能改得了，你可以把他帶往好的方向。

佛說無惡無善，人遇惡就朝惡路去，遇善就往善道走，

這完全看你怎麼教他。如果帶他去佛堂學佛，

或帶他來聽師父說話，慢慢地能聽得入耳，也就跟著改好了。

或者可以念《普門品》或《水懺》，

迴向給他，讓他改過，

讓他消除惡緣，具足善緣。」

【打地鼠】

小留學生

問：「有許多小小留學生，單獨一個人留在國外，
很多人都變壞了。
我本身也是一個小留學生，十四歲出國，
雖然沒有變壞，
但那時心靈經常感到空虛。」

 答：「有個徒弟，兩個孩子都在劍橋大學就讀，

他們每天晚上都會打電話和孩子聯絡，

聽孩子談今天過得怎麼樣？

老師怎麼樣？同學怎麼樣？交到什麼朋友？

電話一聊就是兩個小時以上。

由於他們的關心，孩子都非常優秀，

親子之間的感情相當好。

父母就是要做小孩子的朋友，

傾聽他們的心聲，再來引導他們。

當子女和父母分隔兩地，

更要經常關懷子女，

他們的心靈才不會感到空虛。」

【只有心傳沒有距離】

事業e點靈

當我們工作不順利時，
就會怨天尤人，
甚至懷疑是否有鬼神在阻撓，
其實這是我們的善緣不足，
所以沒有人緣來幫您賺錢。
迷信是無法解決問題的，
廣結善緣才是治本之道。

【如意算盤】

換工作

問：「我常常在新環境待了一段時間之後就想離開，
　　然後再找新的工作，
　　但過一陣子又會想離開，為什麼會這樣呢？」

答：「學佛的人，會不甘願呆板地死守一個地方，常常想突破、想超越，但是要怎麼超越呢？就是要離相，這樣才能真正過自己的生活。你不妨每天念一遍《金剛經》，這是可以學習得到智慧的經典，從心裡面學『安心』。」

【綱索之心】

壓力

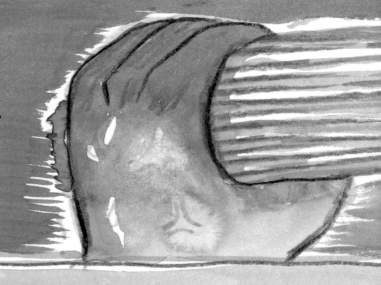

問：「工作中經常有來自各方面的壓力，
　　要如何才能減輕這些壓力呢？」

答：「要以『平常心』過生活。
　　如果用平常心生活，就不會有壓力，
　　無論對人、對事，都要抱持一顆平常心。」

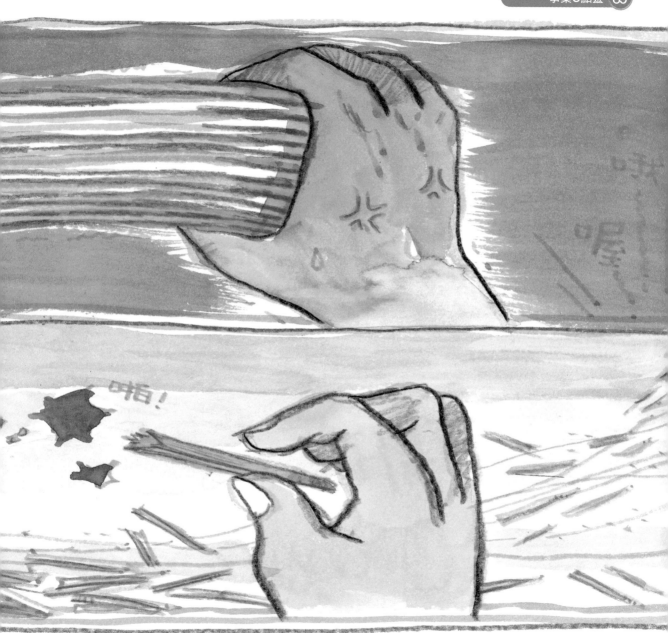

【折筷原理】

生意經

 問：「怎麼做生意才會賺錢？」

答：「會做生意的人，腦筋都很會轉。
　　所以說，賺錢不只要靠福氣，還要靠腦筋。
　　福氣如果不夠、腦筋如果不靈活，
　　就想不出可以讓你賺錢的方法。
　　腦筋要靈活，就要多做好事，
　　好事做多後心就沒有罣礙；心無罣礙，
　　腦筋就會變得很靈活，想要什麼就會得到什麼。
　　不過，現在經濟不景氣，做什麼都很困難，
　　不如上班比較穩當，等到景氣好轉，
　　再看看有什麼事業可以打拼。」

【有算盤的魔術師】

反敗爲勝

問：「有位弟子因為從事過好幾種生意都不成功，
因此感到沮喪，甚至有輕生的念頭，
不知該如何才好？」

答：「世間本來就有很多難題，如果能夠忍耐，
就比較能消業，也比較能解決問題。
俗話說『天無絕人之路』，
不要因為生意做不成功就消極想死。
不用煩，在我們還沒有死之前，一定會有事做，
等到緣盡了，沒工作可以做了，到時，
你就賺到這一生了，多做福報的事，多結善緣，
就會讓你反敗為勝。」

【火圈與佛珠】

賺錢秘方

問：「念什麼經或咒，才會對兒子的生意有幫助？」

答：「可以念《普門品》或《藥師經》迴向事業順利。
但更重要的是要多做善事，多到寺廟裡當義工，
把一切福報迴向給兒子，讓他事業順利。」

【互補原理】

不良職業

問：「有信眾經營電動玩具遊樂場，
擔心將來不知會承擔何種因果？」

答：「如果你從事的行業會把別人的小孩教壞，
那就比較麻煩。
不如在牆上貼一些佛法的偈子，
或是師父的法語，
讓他們打電動玩具時也有機會學佛，
這樣也許能改善一點因果。」

【Game Over】

心理建設

問：「我是一個生意人，經常要跟客戶計較價錢，
請問師父，我要如何在做生意時保持平常心？」

答：「做生意你來我往，本來就是很平常的事。
有時候你佔客戶的便宜，有時候客戶佔你的便宜，
彼此都會佔到對方的便宜，並不一定是誰吃虧。
計較價錢，本來就是很平常的事。」

【遲早】

兼差

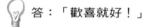 問：「我是專業律師，也兼做其它的工作，這樣子好嗎？」

答：「歡喜就好！」

【廿手眾生Ⅱ】

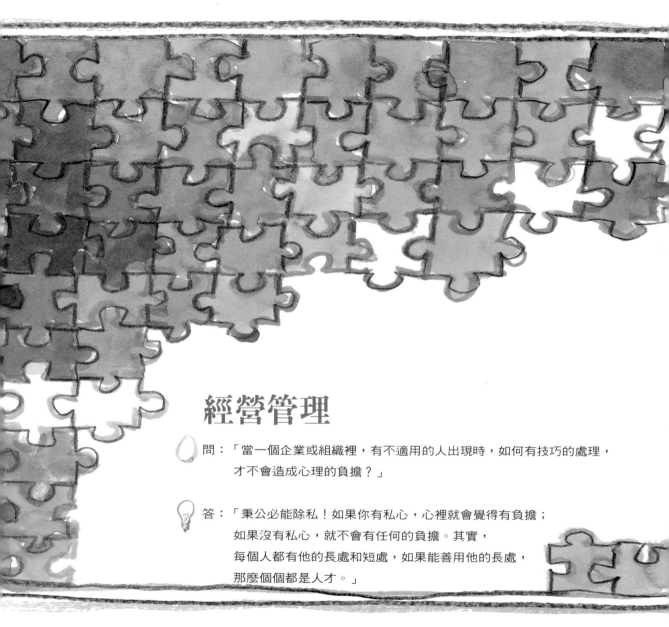

經營管理

問：「當一個企業或組織裡，有不適用的人出現時，如何有技巧的處理，
　　才不會造成心理的負擔？」

答：「秉公必能除私！如果你有私心，心裡就會覺得有負擔；
　　如果沒有私心，就不會有任何的負擔。其實，
　　每個人都有他的長處和短處，如果能善用他的長處，
　　那麼個個都是人才。」

【片片有用】

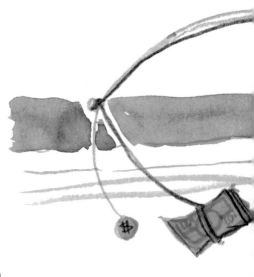

工作態度

問：「很多人在宗教、寺廟裡，都會真心誠意地奉獻、做功德，
在公司時，無論公司提供他多好的環境、多好的機會，
他都不會像在寺廟時真心奉獻，為什麼會有這種差異呢？」

【無盡之慾】

答：「一般人到公司上班，完全抱著一顆圖利的心，
為了報酬、待遇，以及升遷而做。
在寺廟裡完全沒有這些利益可圖，只能奉獻。
所以公司的管理，如果能夠跟宗教結合，
也許會更有向心力。」

【協力之心】

健康靈療站

健康的心，
就是不想煩惱的事；
健康的身，
就是過規律的生活、多運動。
身體的健康與心理有關，
將心放下才是根源。

【卍事如意】

幻覺

問：「我常常在房間裡看到許多顏色在晃動，而且身體也不太好，請問師父，我該怎麼辦？」

身體不舒服

問：「我去檢查身體的時候，醫生說一切正常，可是總覺得身體一直都很不舒服，
　　為什麼會這樣？」

【有色眼睛（上）】

 答：「如果真的看到很多顏色在動，可先檢查看看是不是眼睛有問題？
如果不是，那就是『業氣』，趕緊念一念佛法中闡述諸法皆空的《心經》，就會沒事了。」

 答：「若問前世因，今生受者是，因為因緣果報，使一般人都生活在業力的生命中，
無法自主。這就叫做業氣，運氣好的時候它就很好；運氣不好的時候，
它就會讓你的身體或是工作出狀況，只要你保持樂觀思想，
就能夠擺脫『業氣』。」

【有色眼鏡（下）】

肚子痛

問：「平常自己總覺得，我什麼都可以放得下，就算什麼時候走，都會很自在、沒有罣礙。

可是，有一次光是肚子痛，就覺得受不了！為什麼心情會差這麼多呢？」

答：「身體狀況好的時候，理性可以控制一切；身體不好時，理性就被控制了。

當理性無法戰勝痛苦時，就沒有辦法捱得住痛苦。念力，可以在痛苦來的時候打敗它。

常念佛號也可以改變生理和心理，從心理改變生理，使身心平靜。

沒有念佛的人，生理總是拖著感覺走。

平時常念佛，念到能轉化氣質、轉化體質，轉化到死的時候，就能感覺如意。

平時如果我們常常打坐沈澱心靈、拜佛或做善事，就能夠改變業力。」

【卍沙包】

病痛

問：「人為什麼會有病痛？」

答：「只要有身體，就會有病痛。如果過去殺生較多，病痛、開刀的機會相對也會提高。
所以，一定要有精神寄託，學佛就是一種精神寄託。」

【「死吧！」祭】

長保健康

問：「如何保持身體健康？」

 答：「心理健康時，其它都會很健康。有的人心理很快樂，就算身體不怎麼健康，他也無所謂。

在高雄有一位醫師，他是個小兒麻痺患者，由於行動不方便，

做任何事情都要靠太太揹，儘管如此還是很樂觀。

所以只要心理健康，什麼都會跟著健康起來；

倘若心理不健康，做什麼都會覺得煩。」

【車與駕駛人】

心智障礙者

問：「世間的心智障礙者，是因為種了什麼因造成？該如何改善這種業因呢？」

答：「從前有位追隨佛陀修道的弟子，剛開始時佛陀教他修什麼，就是修不來。
於是佛陀就教他念『掃帚』兩個字，剛開始他一樣忘前忘後。
但還是一樣不斷地念掃帚、掃帚、掃帚……，念到有一天終於開悟了，
也明白自己的過去世，就是因為自私吝法，不肯說法給別人聽，
才會得到這種癡傻的果報。所以，聰明的人不能欺負那些癡傻的人，
不然也會遭到來生變成心智障礙者的果報。
至於要改善這種報應，可以用他的名義去印經，或者請法師為他說法，
替他做一些覺悟他人的事業。」

【慧炬燈傳】

減少病痛

問：「我的母親前半輩子受盡折磨，老來還要承受病痛纏身，請問師父，
我該怎麼做，才能讓她的餘生快樂度過呢？」

答：「因為過去生的因，而有今生要承受的果。
試試多念佛法中求懺悔的經典--《慈悲三昧水懺》，
可將念經的功德迴向，除卻病痛纏身，
但最好的是幫助她在餘生皈依學佛，種下善因。」

【救生浮板】

不要迷信

問：「我的下巴常不自覺地疼痛，剛開始學佛時就這樣，
　　一直到現在已經三年了，是不是學佛學得不夠多呢？」

答：「下巴痛應該要去照X光，看看哪裡有問題！
　　有病痛就要找醫生，檢查原因，趕快醫治，這樣才對。
　　並不是信了佛就能夠刀槍不入、百病不侵，那是不可能的，
　　我們應該要有理性的信仰，而不是愚昧地迷信。」

【蒙眼的佛經戰士】

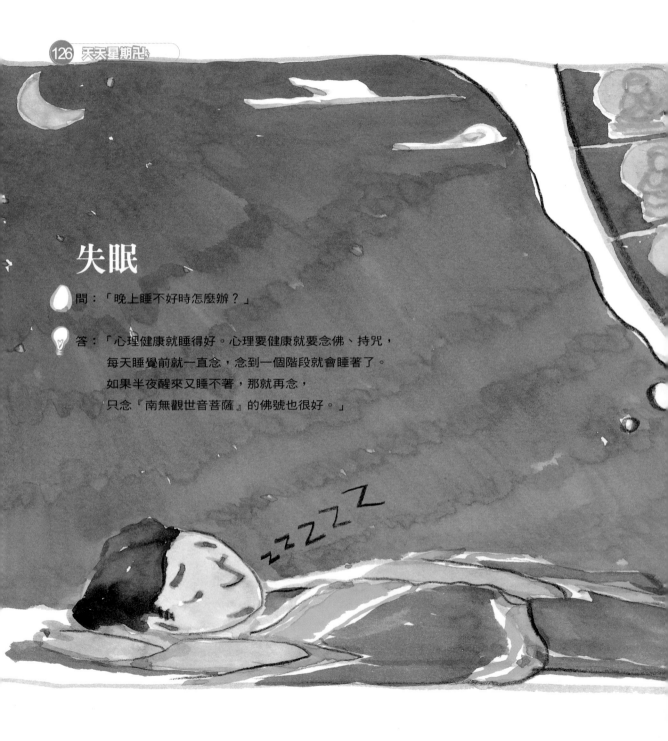

失眠

問：「晚上睡不好時怎麼辦？」

答：「心理健康就睡得好。心理要健康就要念佛、持咒，
每天睡覺前就一直念，念到一個階段就會睡著了。
如果半夜醒來又睡不著，那就再念，
只念『南無觀世音菩薩』的佛號也很好。」

【夜之法輪】

學佛答錄機

學佛就是打開一個寬頻網路的世界，
讓生活通達無礙，
並做好心靈品質管控，
才不會被貪心、瞋恨、傲慢的種種情緒，
牽著鼻子跑。

【孵蛋原理】

習氣

 問：「有的人學佛學了很久，對佛理也很瞭解，為什麼聽到一、兩句不中聽的話，
　　　就不能忍受，甚至起了瞋恨心？」

答：「這就是習氣，習氣和道理沒有辦法平衡，習氣總是比道理大，就算懂得道理，
　　　還是會被習氣影響。因為習氣是生生世世養成的習慣，可以說已經練出來了，
　　　必須要靠念力才能夠轉化。念力就是念咒、觀照，觀照力強的時候念力就強。
　　　念什麼咒都可以，只要好好地念，才可以有足夠的力量轉化習氣。」

【針與氣球】

調心的方法

問：「師父常說，會調心的人就會生活，
會生活的人就有福報。可是在這麼繁忙，
甚至這麼痛苦的世界裡，每天要面對這麼多煩雜的事，
到底要如何做才能調心呢？」

答：「調心就是讓我們的心調到『善』，
不要生起傷害人的念頭，
還要調到『慈』、『悲』、『喜』、『捨』，
讓我們的心經常都喜悅。
這可以從服務他人、不求回報開始做起。」

【調弦後的樂章】

執著

問：「執著重時該怎麼辦？」

 答：「執著重時，就學禪吧！學禪後比較容易解脫。

你可以從佛法中闡明禪宗思想最精闢的《六祖壇經》讀起，

《六祖壇經》念熟了，看其它的經就有概念。

我們的意識就像一把鑰匙，而智慧就像一座倉庫。

要學習用這把鑰匙打開倉庫，然後去觀察、去瞭解、去做，就能得到成果。

當我們對自己的靈性不瞭解時，就會一直摸索，想要找出答案，

因此陷入執著之中；學佛，可以幫助我們慢慢地找到答案、找到解脫。」

【心鏡迷宮】

學佛的困擾

問：「以前和親戚或朋友們相處，總是很愉快。
但自從學佛以後，就變得不太對勁，每當我把學佛的事告訴他們，
他們都不太愛聽，到底為什麼呢？」

答：「可能他們學佛的緣份還未到！另一個原因，也可能是你所說的佛法，
和他們講的話無法銜接起來。話接不起來，他們當然聽不下去。
佛法必須生活化，生活化的佛法才能夠讓人聽得下去。
如果佛法離開生活，就比較不容易去感受。
所以傳播佛法就像做生意，必須參到能夠說出他愛聽的話，生意才會成功。」

【普門鏡】

以身作則

問：「自從學佛以後，
心情變得比以前好很多，
所以我一直很希望
先生和小孩也能一起學佛，
可是他們並不相信我的話，
我要用什麼方法才能讓他們信佛呢？」

答：「妳得先讓自己的心情變得更好，
人變得更美麗、更大方，
這樣家裡的人就會對妳更有信心，
當家人對妳有了信心，
對佛法就不會沒有信心了。
由此可見，妳的改變還不夠，
要繼續努力。讓先生覺得妳太完美，
所以妳講的佛法一定也很完美，
希望妳從自己開始，讓他對妳有信心，
也因為妳的關係，對佛法生出信心，
不再覺得佛很生疏、遙遠，
這樣他就會信『佛』了！
『佛』就是覺悟的意思，也就是瞭解世間。
妳可以用妳所瞭解的方法，
帶領家人，一家人就會更幸福、
和樂了。」

【佛法呼啦圈】

初學者

問：「剛學佛的人，應該學習『執著』，還是學習『不執著』呢？」

答：「對初學佛法的人來說，

『執著』要學、『不執著』也要學。

『執著』什麼呢？

『執著』能夠讓自己變得非常有智慧，

而不是『執著』於許多的煩惱！」

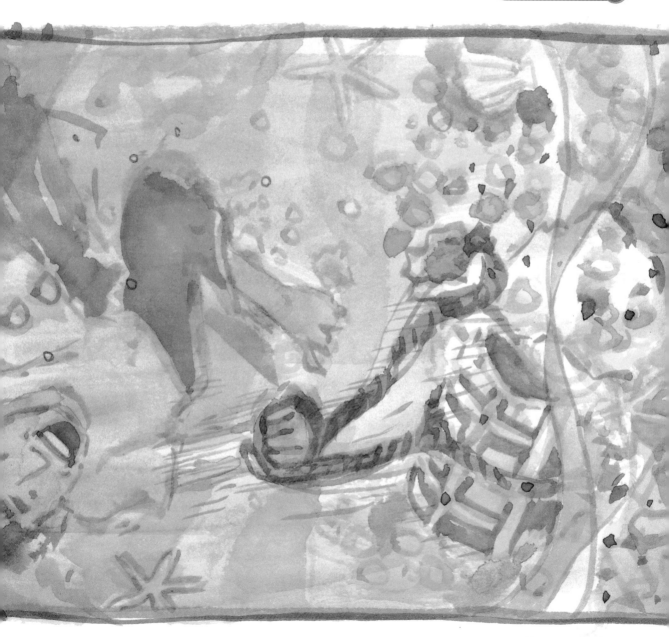

【魚與熊掌】

喪葬處理

問：「我本身有學佛，所以希望母親過世時，能夠用佛教的儀式火葬，
如果我跟她講，她會不會認為我不孝？
請問師父，我要用什麼方法，
才能讓她主動交代往生後要選用佛教儀式呢？」

答：「常常帶她去廟裡走走，讓法師為你們開導，
或是讓一些居士、善知識者為你們講解佛教儀式的來龍去脈，
她聽了若覺得有道理，就會照著做。人都一樣，每個人的觀念都會改變。
所以說，我們讓她去聽一些她聽得入耳的法，她就會改變原來的看法了。」

【喪葬套餐】

因緣

問：「該如何對待『善緣』與『惡緣』呢？」

答：「『善緣』、『惡緣』統統都是『緣』！
善於運用的話，『惡緣』也可能變成『善緣』；
而『善緣』有時也會變成『惡緣』。在佛法中無論是『善緣』、『惡緣』，
都要以平等心去承擔、改善，把不好的改好，而好的就讓它更好。」

【三溫飲水機】

生日

問：「請教師父，『延壽』的真正意義為何呢？」

答：「『延壽』就是延續生命。

『做生日』的意思是希望佛無生無死的生命能永垂我們的生命中，

並紀念自己永恆不滅、生生不息的生命。

其實，生命一直在運行，我們常常以為，

生命老了、死了之後就結束了，

其實生命一直都在運作。

『生日』只是讓我們記憶本有的生命，這才是一個永存體。

生的會死，死的會生，只有我們的靈性不隨生死變動，

維持『靈靈覺覺』的觀照。

生生不息的生命就是『壽』。」

【天天星期卍】

生活漲停板

生活與理念是一個世界，
不是兩個世界，生活就是修行，
修行就是生活。
所以，追求真理的地方，
就在生活中覺醒。

【千秋萬世萬‧事鞦韆轉】

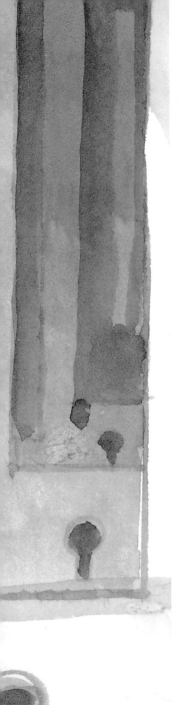

官司

問：「有官司纏身怎麼辦？」

答：「多做有德行的事。」

【佛法萬能鑰】

命運

問：「到底是命運安排了人，還是人安排了命運？」

答：「人安排了命運，命運再安排人。也就是說，人創造了命運，命運再安排了你的命運。」

【尋寶圖】

解夢一

問：「請示師父，我晚上睡覺時，
　　常夢到別人家的孩子，而且是很多孩子在我面前，
　　這究竟是怎麼回事？」

答：「夢就是記憶體，記憶體常在睡夢中浮現。
　　如果你覺得這個夢不吉祥的話，
　　就諷誦《普門品》，迴向讓這些惡緣遠離我們。
　　不過，大家也不要把夢全當真，那不過是幻覺而已！」

【熊出沒注意！】

解夢二

問：「前兩天，我夢見一位老先生要幫我發展事業，今天又做同樣的夢，
　　請問師父，這代表什麼意思呢？」

答：「夢裡出現這麼好的緣，真實生活中也可能有這麼好的緣。
　　學佛對緣要做一個善的管理、善的推廣。
　　但是我們不要太敏感、太神經質，否則把夢當真，把真的當作夢，
　　生活就顛倒過來，不切實際了，我們要面對最實際的人生、最當下的人生。」

【溺夢海】

助人之道

問：「我們要如何幫助別人呢？」

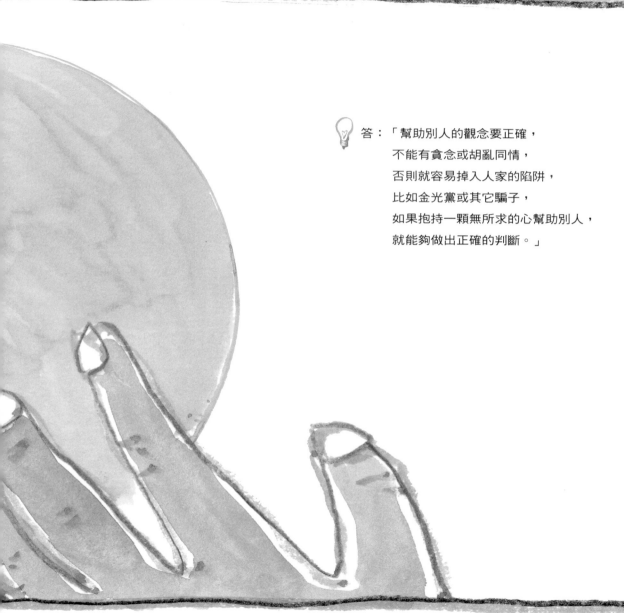

答：「幫助別人的觀念要正確，
　　不能有貪念或胡亂同情，
　　否則就容易掉入人家的陷阱，
　　比如金光黨或其它騙子，
　　如果抱持一顆無所求的心幫助別人，
　　就能夠做出正確的判斷。」

【舉手之勞】

鬼壓床

問：「為什麼有的人在睡覺時，會覺得有鬼在壓他們？」

答：「這是因為與他們有緣，這也是因果，搬離開那間房子就會好了。
如果不想搬，就請『九宮八卦』（註）回去掛避避邪；
若掛了還是沒效，就請和尚來念經；如果這樣還是不行，就唯有搬家了。」

註：藏密佛教祖師蓮花生大士，初將佛法由印度引入西藏時，
沿途為降伏當地苯教的各種邪魔妖怪而製成九宮八卦平安符，
具避邪、破除凶災、永保安康的功能。

【鬼畫連篇】

買房子

問：「買房子要不要合八字？」

答：「不用合啦！房子主要是看我們住得習不習慣。
有的房子住了以後身體不好，
多半是因為空氣和光線的關係，不要盡講迷信，
要注意實際的生活環境。」

【自然工房】

銀髮族

問：「邁入銀髮族以後，要如何調適內心接受年華老去的事實？
又該如何利用剩餘生命來回饋社會呢？」

【夕陽後…】

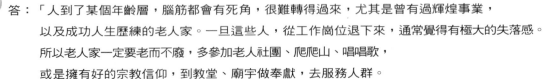

答：「人到了某個年齡層，腦筋都會有死角，很難轉得過來，尤其是曾有過輝煌事業，以及成功人生歷練的老人家。一旦這些人，從工作崗位退下來，通常覺得有極大的失落感。所以老人家一定要老而不廢，多參加老人社團、爬爬山、唱唱歌，或是擁有好的宗教信仰，到教堂、廟宇做奉獻，去服務人群。

而宗教信仰，常能夠給老人家得到極大的慰藉。

還有，為人父母者總把愛寄託在自己子女身上，希望一到假日，便能夠全家團聚，

但是年輕一代往往忙著自己的事。與其這樣，倒不如把愛轉移去做義工，為別人服務，

這樣不但能夠疏散我們對情感的矛盾與執著，也更能讓老年的生命展現另一階段的光采。」

【…的花火】

好死不如賴活

問：「我的先生很不體貼，常常動不動就大聲罵人，
　　小孩也不喜歡念書，我常常想，既然過得這麼不如意，
　　不如乾脆死了算了。」

答：「我們常說：『好死不如賴活著』，你就賴活著吧！
　　我們活著的時候所吃的苦，都是學佛的資糧。
　　所以妳不妨學佛，讓自己活得自在，珍惜生命。
　　我們短暫的生命可以做什麼呢？當然是做有意義的事。
　　當妳在做一件有意義的事時，心中一定會感到快樂。
　　現在就試著從佛法裡面找到再生的機會吧！
　　佛說我們能夠做人，就像在大地裡面抓一把土。
　　想想看！大地那麼大，只有一把土的機會，
　　這樣的生命是多麼地寶貴，所以要珍惜生命，
　　發揮生命的價值，才對得起自己的生命。」

【佛法大道】

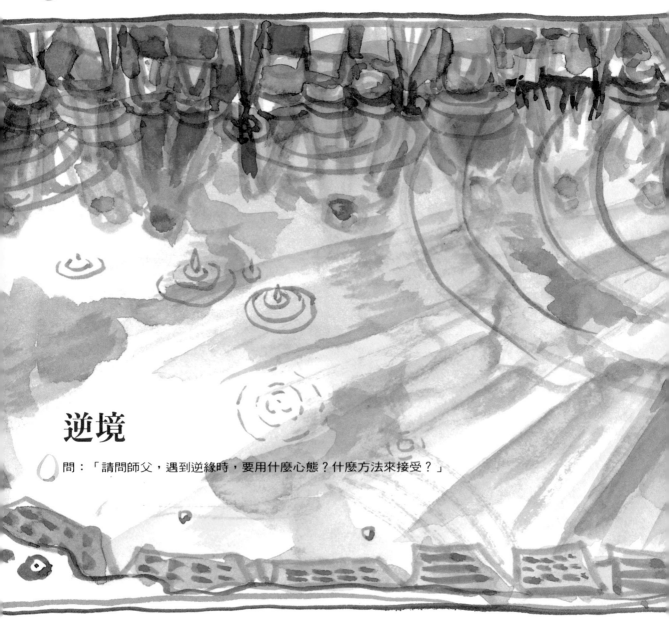

逆境

問：「請問師父，遇到逆緣時，要用什麼心態？什麼方法來接受？」

答：「生活就是福田，這塊福田就是要讓我們種好的，收成好的。

碰到逆境時，就是修行的機會，修行能夠加強我們的福報。

如果用修行的心面對一切，做什麼都會很甘願；

反觀，如果用得失心去面對，就會生煩惱！我們不要計較，能夠放下，就會快樂起來。

用『不生煩惱便生功德』的心去為人處世，就會有功德。

不要把很多事情都掛在心頭，常常要放下，放得下才是福氣！」

Ending

【雨過天晴】

國家圖書館出版品預行編目資料

天天星期卍 ／ 心道法師作 ；
093文化整編　原人繪圖.
-- 初版. -- 臺北市 ： 靈鷲山出版,
2001【民90】
面；　公分. --（心道法師系列；5）
ISBN 957-99025-3-4（平裝）
1.勵志　2.心理　3.佛教

225.79　　　　　　　　　　90017781

ENLIGHTENMENT

ENLIGHTENMENT